AF216446

Impressum
Verlag: BABADADA GmbH, Nedderfeld 112 , 22529 Hamburg
Geschäftsführer / Verlagsleitung: Harald Hof
Druck: Books on Demand GmbH, In de Tarpen 42, 22848 Norderstedt

Imprint
Publisher: BABADADA GmbH, Nedderfeld 112 , 22529 Hamburg, Germany
Managing Director / Publishing direction: Harald Hof
Print: Books on Demand GmbH, In de Tarpen 42, 22848 Norderstedt

okul

المدرسة

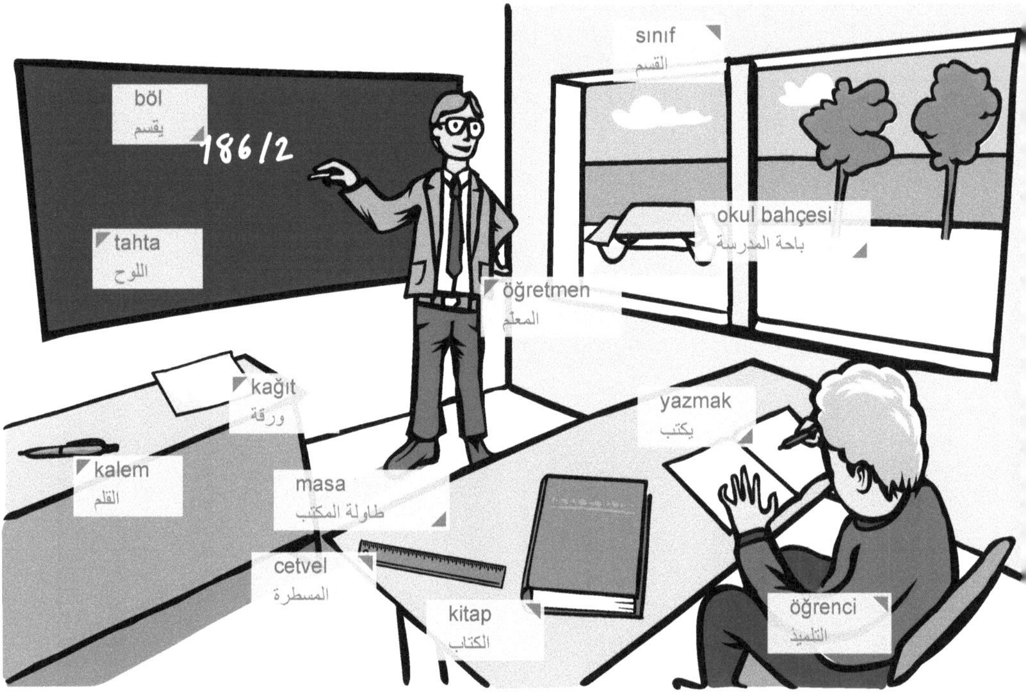
sınıf
القسم
böl
يقسم
186/2
tahta
اللوح
okul bahçesi
باحة المدرسة
öğretmen
المعلّم
kağıt
ورقة
yazmak
يكتب
kalem
القلم
masa
طاولة المكتب
cetvel
المسطرة
kitap
الكتاب
öğrenci
التلميذ

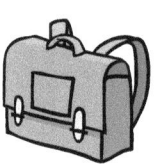

okul çantası

الحقيبة المدرسية

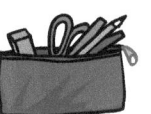

kalemlik

المقلمة

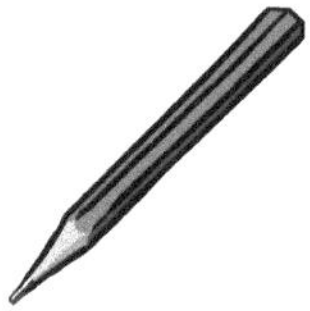

kurşun kalem

قلم الرصاص

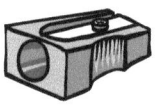

kalem açacağı

البرّاية

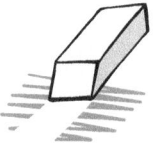

silgi

الممحاة

çizim defteri

دفتر الرسم

çizim

الرسمة

resim fırçası

الفرشاة

boya kutusu

علبة التلوين

makas

المقص

tutkal

المادة اللاصقة

alıştırma kitabı

دفتر التمارين

ödev

الواجب المدرسي

sayı

الرقم

ekle

يجمع

çıkar

يطرح

çarp

يضرب

hesapla

يحسب

harf

الحرف

alfabe

الأبجدية

kelime

كلمة

metin

النص

okumak

يقرأ

tebeşir

الطبشور

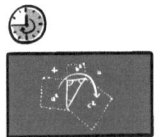

ders

الحصة

kayıt

دفتر الدوام المدرسي

sınav

الامتحان

sertifika

شهادة

okul forması

اللباس المدرسي

eğitim

التعليم

ansiklopedi

الموسوعة

üniversite

الجامعة

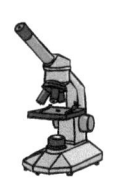

mikroskop

المجهر

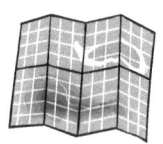

harita

الخريطة

kağıt çöp kutusu

قماما

otel
فندق

Grand

pansiyon
بيت الشباب

ROOMS

döviz bürosu
مكتب صرافة

EXCHANGE

bavul
حقيبة

otomobil
سيارة

dil
اللغة

evet / hayır
نعم / لا

Tamam
حسناً

merhaba
مرحبا

çevirmen
مترجم

Teşekkür ederim
شكراً

bu ... ne kadar?

كم ثمن ... ؟

anlamadım

لا أفهم

problem

مشكلة

İyi akşamlar!

مساء الخير

Günaydın!

صباح الخير!

İyi geceler!

ليلة سعيدة

güle güle

إلى اللقاء

yön

اتجاه

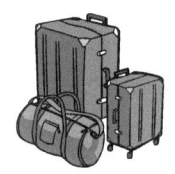

bagaj

أمتعة السفر

çanta

حقيبة

sırt çantası

حقيبة ظهر

misafir

ضيف

oda

غرفة

uyku tulumu

كيس للنوم

çadır

خيمة

turist danışma

استعلامات سياحية

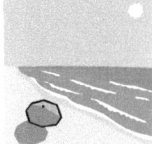

sahil

شاطئ

kredi kartı

بطاقة ائتمان

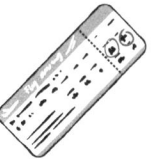

kahvaltı

إفطار

öğle yemeği

طعام الغداء

akşam yemeği

العشاء

Bilet

بطاقة سفر

asansör

مصعد

pul

طابع بريدي

sınır

حدود

gümrük

الجمارك

elçilik

سفارة

vize

تأشيرة

pasaport

جواز سفر

ulaşım
نقل

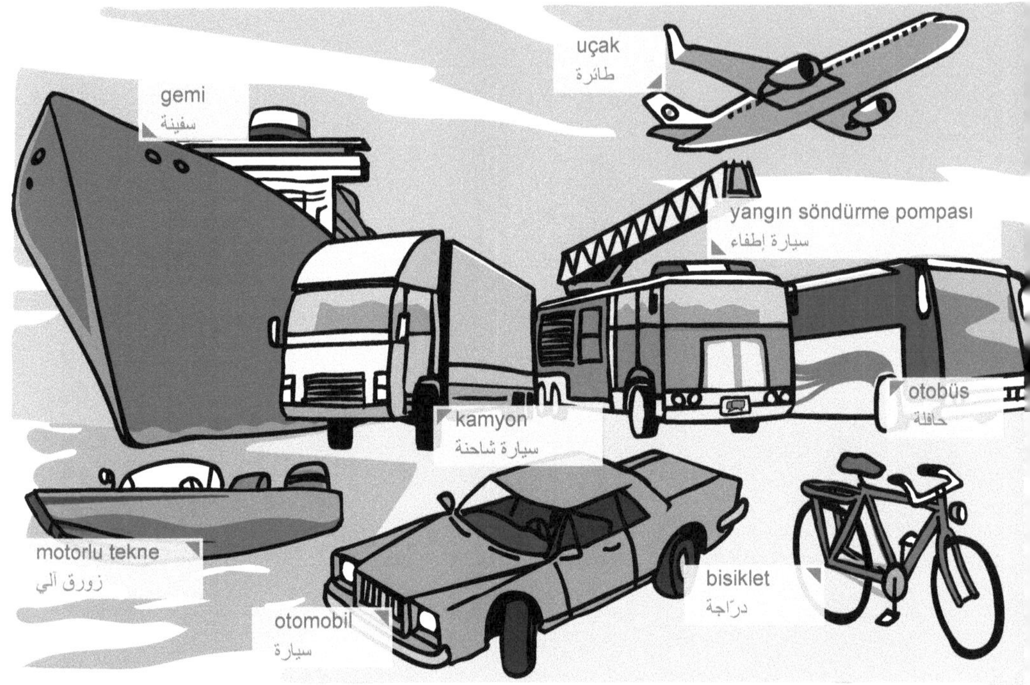
uçak
طائرة
gemi
سفينة
yangın söndürme pompası
سيارة إطفاء
otobüs
حافلة
kamyon
سيارة شاحنة
motorlu tekne
زورق آلي
bisiklet
درّاجة
otomobil
سيارة

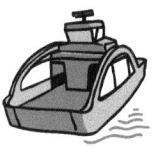

feribot

عبارة

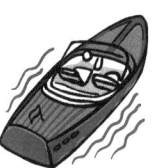

bot

قارب

motosiklet

دراجة نارية

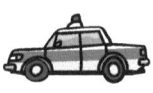

polis arabası

سيارة شرطة

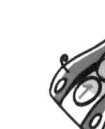

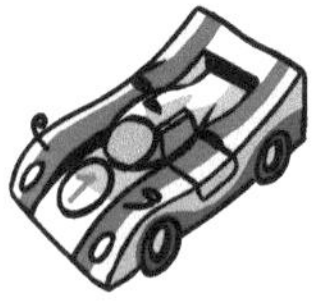

yarış arabası

سيارة سباق

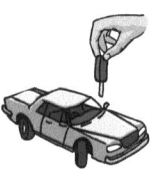

kiralık araba

سيارة مستأجرة

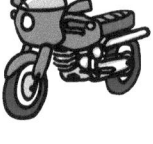

ortak araba

أسلوب تشاركي في استئجار السيارات

çekici

سيارة للجر

çöp kamyonu

سيارة نقل القمامة

motor

محرك

yakıt

وقود

benzinlik

محطة وقود

trafik işareti

اشارة مرور

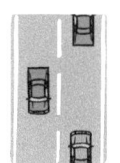

trafik

حركة السير

trafik sıkışıklığı

ازدحام سير

otopark

موقف سيارات

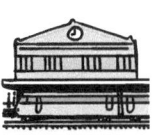

tren istasyonu

محطة قطار

ray

سكك حديدية

tren

قطار

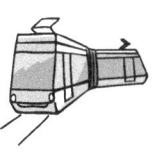

tramvay

ترام

vagon

عربة قطار

helikopter

طائرة مروحية

havaalanı

مطار

kule

برج

yolcu

مسافر

konteyner

حاوية

koli

علبة كرتون

yük arabası

عربة يد

sepet

سلة

kalkış / iniş

يقلع / يهبط

şehir

مدينة

köy

قرية

şehir merkezi

مركز المدينة

ev

بيت

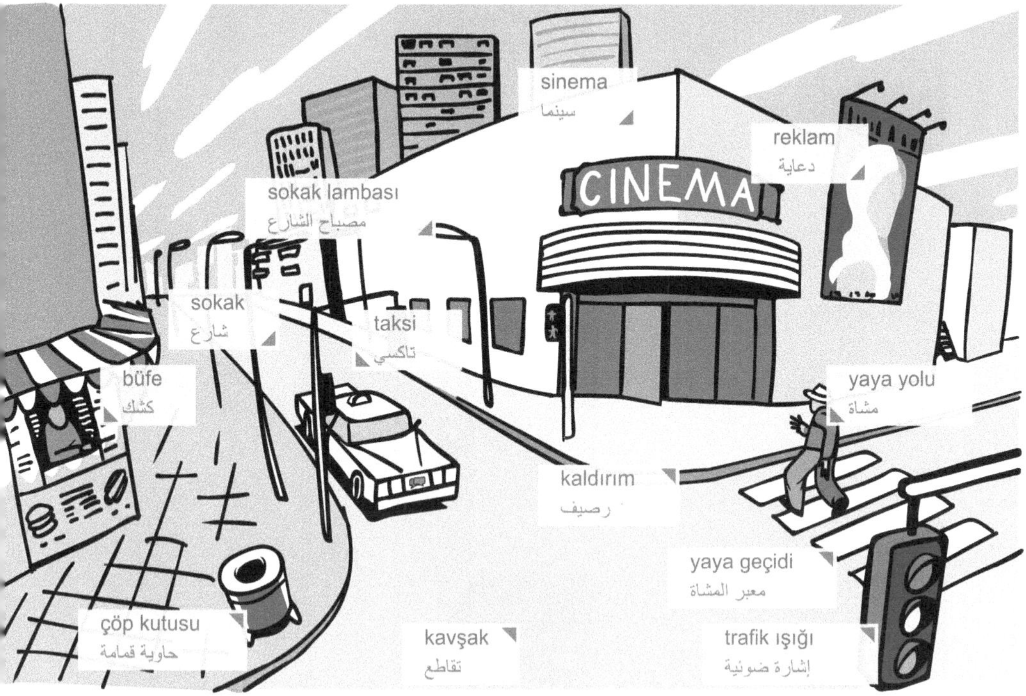

sinema
سينما

reklam
دعاية

sokak lambası
مصباح الشارع

sokak
شارع

taksi
تاكسي

büfe
كشك

yaya yolu
مشاة

kaldırım
رصيف

yaya geçidi
معبر المشاة

çöp kutusu
حاوية قمامة

kavşak
تقاطع

trafik ışığı
إشارة ضوئية

kulübe

كوخ

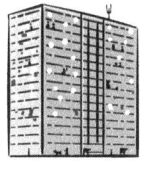

apartman dairesi

شقة

tren istasyonu

محطة قطار

belediye binası

دار البلدية

müze

متحف

okul

المدرسة

üniversite

الجامعة

banka

مصرف

hastane

المستشفى

otel

فندق

eczane

صيدلية

ofis

مكتب

kitapçı

مكتبة

mağaza

متجر

çiçekçi

محل لبيع الزهور

süpermarket

سوبرماركت

market

سوق

büyük mağaza

متجر كبير

balık satıcısı

تاجر السمك

alışveriş merkezi

مركز تسوّق

liman

ميناء

park

حديقة عامة

bank

مقعد

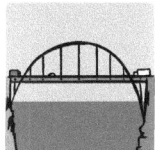

köprü

جسر

merdiven

درج، سلم

metro

مترو

tünel

نفق

otobüs durağı

موقف حافلات

bar

بار

restoran

مطعم

posta kutusu

صندوق البريد

sokak tabelası

لافتة باسم الشارع

otopark sayacı

مقياس زمن الوقوف

hayvanat bahçesi

حديقة حيوانات

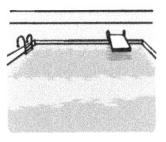

yüzme havuzu

مسبح

cami

مسجد

çiftlik

مزرعة

kirlilik

تلوث البيئة

mezarlık

مقبرة

kilise

كنيسة

oyun alanı

ملعب الأطفال

tapınak

معبد

arazi
طبيعة ريفية

yaprak
ورقة

yön tabelası
علامة إرشاد

yol
طريق

çayır
مرج

taş
حجر

ağaç
شجرة

yürüyüşçü
رحالة

ırmak
نهر

çimen
عشب

çiçek
زهرة

vadi

واد

tepe

جبل

göl

بحيرة

orman

غابة

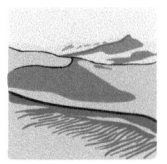

çöl

صحراء

volkan

بركان

kale

قلعة

gökkuşağı

قوس قزح

mantar

فطر

palmiye

نخلة

sivrisinek

بعوض

sinek

ذبابة

karınca

نملة

arı

نحلة

örümcek

عنكبوت

böcek

خنفساء

kurbağa

ضفدعة

sincap

سنجاب

kirpi

قنفذ

yabani tavşan

أرنب

baykuş

بومة

kuş

عصفور

kuğu

بجعة

yaban domuzu

خنزير بري

geyik

غزال

geyik

إلكة

baraj

سد

rüzgar türbini

دولاب الطاحونة الهوائية

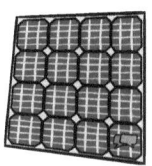

güneş paneli

خلية شمسية

iklim

مناخ

restoran
مطعم

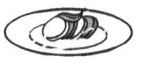

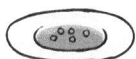

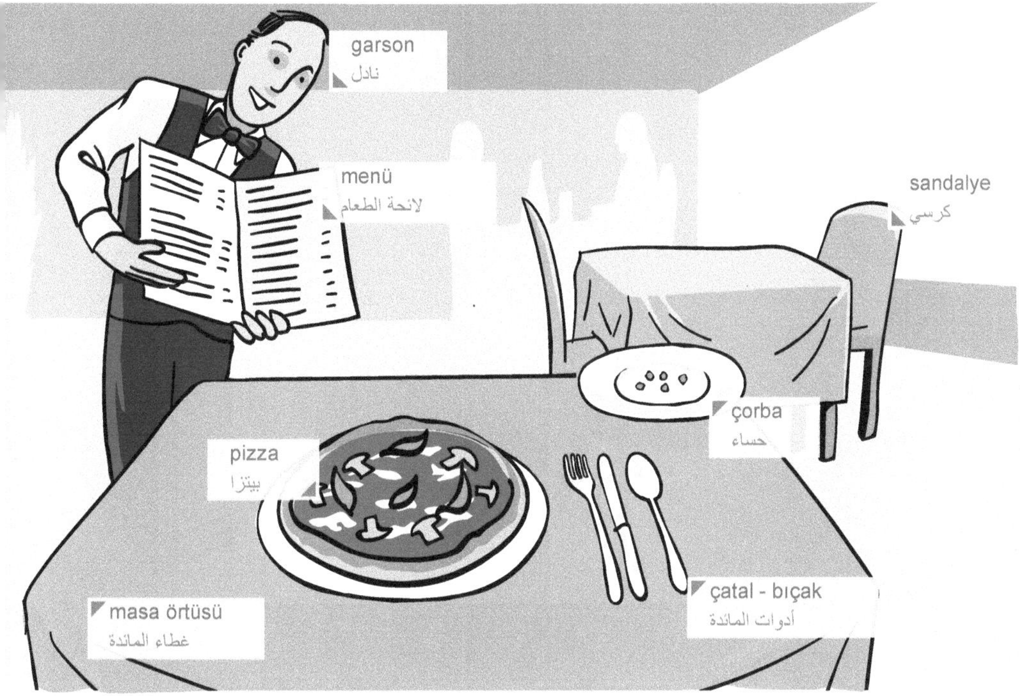
garson
نادل
menü
لائحة الطعام
sandalye
كرسي
çorba
حساء
pizza
بيتزا
çatal - bıçak
أدوات المائدة
masa örtüsü
غطاء المائدة

başlangıç

مقبلات

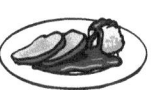

ana yemek

الصحن الرئيسي

tatlı

حلوى أو فاكهة بعد الطعام

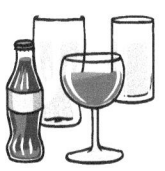

içecekler

مشروبات

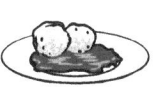

yemek

طعام

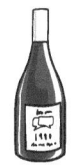

şişe

زجاجة

fastfood

وجبات سريعة

sokak yemeği

طعام الشارع

çaydanlık

إبريق الشاي

şekerlik

علبة السكر

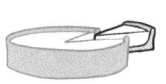

porsiyon

حصّة

espresso makinesi

آلة الإسبريسو

mama sandalyesi

كرسي عالٍ

fatura

فاتورة

tepsi

صينية

bıçak

سكين

çatal

شوكة

kaşık

ملعقة

çay kaşığı

ملعقة الشاي

servis peçetesi

منديل المائدة

bardak

كأس

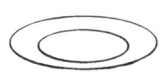

tabak

صحن

çorba kasesi

صحن الحساء

fincan altlığı

صحن الفنجان

sos

صلصة

tuzluk

مملحة

karabiber değirmeni

مطحنة الفلفل

sirke

خل

yağ

زيت الطعام

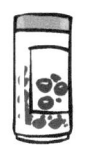

baharat

توابل

ketçap

كتشاب

hardal

خردل

mayonez

مايونيز

süpermarket

سوبرماركت

özel teklif
عرض خاص
FOR
müşteri
زبون
süt ürünleri
مشتقات الحليب
meyve
فواكه
alışveriş arabası
عربة تسوّق

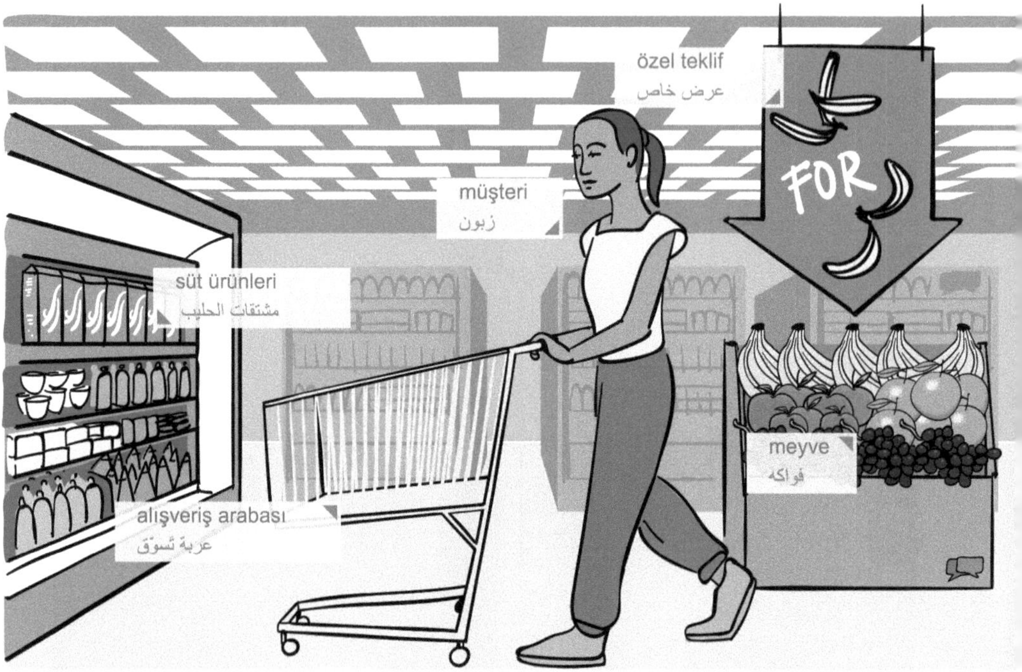

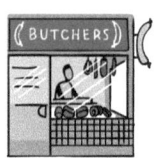

BUTCHERS

kasap

جزّار

BAKERY

fırın

مخبز

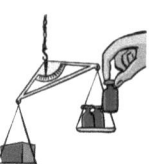

tartmak

يزن

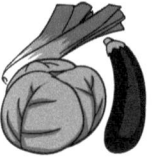

sebze

خضار

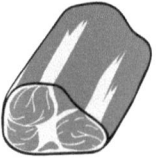

et

لحم

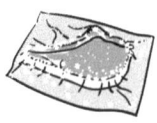

donmuş gıda

المأكولات المجمّدة

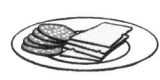

söğüş et

مرتدلا أو جين

konserve yiyecek

معلبات

toz deterjan

مسحوق الغسيل

şekerlemeler

حلويات

ev temizlik ürünleri

المواد المنزلية

temizlik ürünleri

منظفات

satış görevlisi

بائعة

yazar kasa

صندوق الحساب

kasiyer

أمين صندوق

alışveriş listesi

قائمة المشتريات

açılış saatleri

أوقات العمل

cüzdan

محفظة النقود

kredi kartı

بطاقة ائتمان

çanta

حقيبة

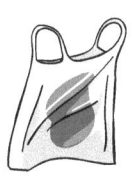

plastik poşet

كيس بلاستيكي

su

ماء

meyve suyu

عصير

süt

حليب

kola

كولا

şarap

نبيذ

bira

بيرة

alkol

كحول

kakao

كاكاو

çay

شاي

kahve

قهوة

espresso

قهوة إسبريسو

kapuçino

كابوتشينو

muz

موزة

elma

تفاح

portakal

برتقال

kavun

بطيخ

limon

ليمون

havuç

جزرة

sarımsak

ثوم

bambu

خيزران

soğan

بصل

mantar

فطر

çerez

لوزيات

makarna

شعيرية

spagetti

سباغيتي

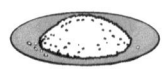

pirinç

أرزّ

salata

سلطة

cips

بطاطا مقلية

patates kızartması

بطاطا مقلية

pizza

بيتزا

hamburger

هامبورغر

sandviç

ساندويتش

şinitzel

شريحة لحم مقلية

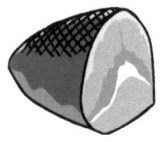

pastırma

لحم خنزير

salam

سلامي

sosis

سجق

tavuk

دجاج

rosto

لحم محمر

balık

سمك

yulaf ezmesi

دقيق الشوفان

müsli

موسلي

mısır gevreği

كورن فلكس

un

طحين

kruvasan

كرواسان

küçük ekmek

خبز صغير

ekmek

خبز

tost

خبز محمص

bisküvi

بسكويت

tereyağı

زبدة

kaymak

لبن زبادي

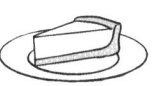

kek

كعكة

yumurta

بيضة

sahanda yumurta

بيض مقلي

peynir

جبنة

dondurma

مثلجات

şeker

سكر

bal

عسل

reçel

مربى الفاكهة

fındık ezmesi

كريم النوغا

köri

الكاري

çiftlik
مزرعة

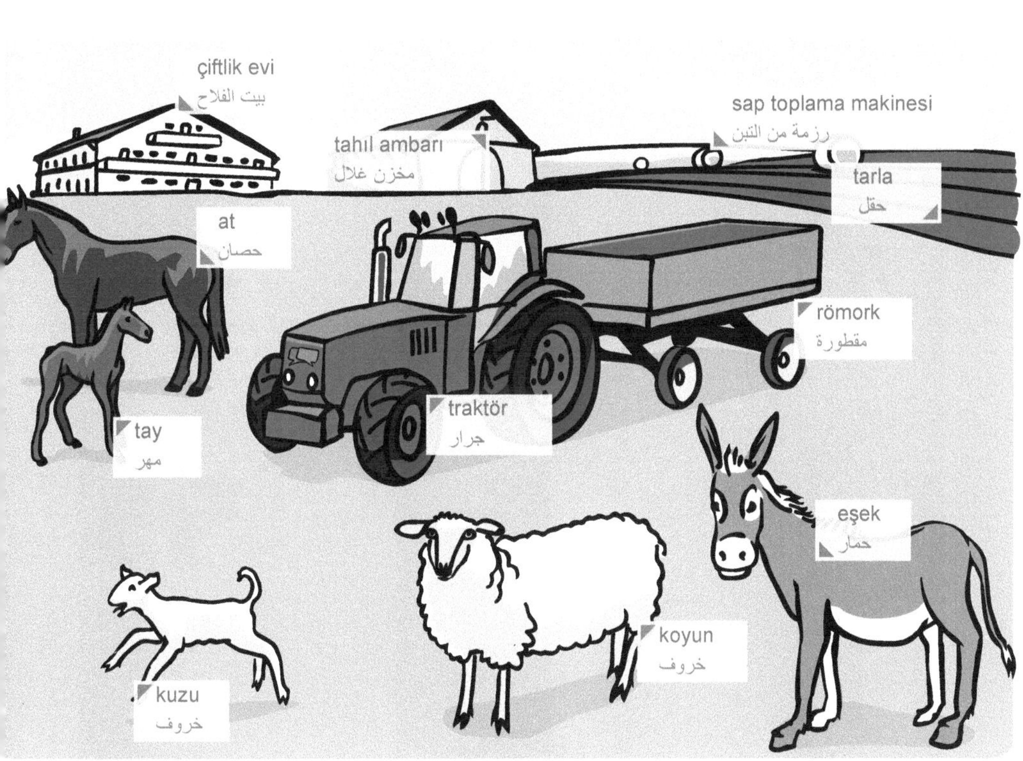
çiftlik evi
بيت الفلاح
tahıl ambarı
مخزن غلال
sap toplama makinesi
رزمة من التبن
tarla
حقل
at
حصان
römork
مقطورة
traktör
جرار
tay
مهر
eşek
حمار
koyun
خروف
kuzu
خروف

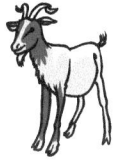

keçi

ماعز

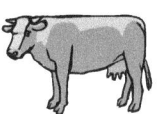

inek

بقرة

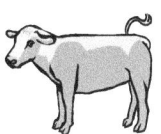

buzağı

عجل

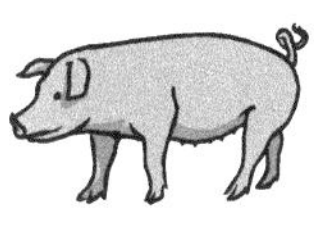

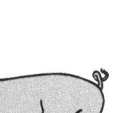

domuz

خنزير

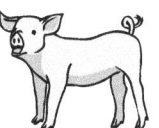

domuz yavrusu

خنزير صغير

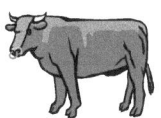

boğa

ثور

kaz

إوزة

ördek

بطة

civciv

صوص

tavuk

دجاجة

horoz

ديك

sıçan

جرذ

kedi

قطة

fare

فأر

öküz

ثور

köpek

كلب

köpek kulübesi

كوخ الكلب

bahçe hortumu

خرطوم الحديقة

sulama kabı

إبريق

tırpan

منجل

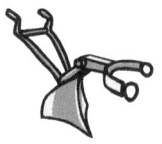

pulluk

المحراث

orak

منجل

çapa

معزقة

dirgen

مذراة الزبل

balta

بلطة

el arabası

عربة يد

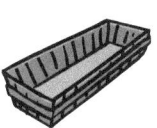

yemlik

معلف

süt kovası

صفيحة الحليب

çuval

كيس

çit

سياج

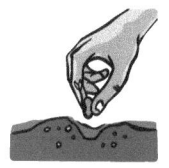

ahır

اصطبل

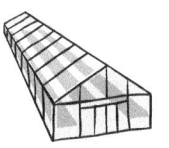

sera

دفيئة

toprak

تربة

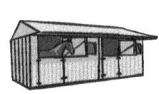

tohum

بذور

gübre

سماد

biçerdöver

حصادة دراسة

hasat etmek

يحصد

harman

محصول

tatlı patates

بطاطا يامس

buğday

قمح

soya

صويا

patates

بطاطا

mısır

ذرة

kolza

سلجم

meyve ağacı

شجرة فاكهة

manyok

نبات منيهوت

hububat

الحبوب

baca
مدخنة

çatı
سقف

yağmur oluğu
مزراب

pencere
نافذة

garaj
مرآب

kapı zili
جرس الباب

kapı
باب

çöp kutusu
قمامة

posta kutusu
صندوق البريد

bahçe
حديقة

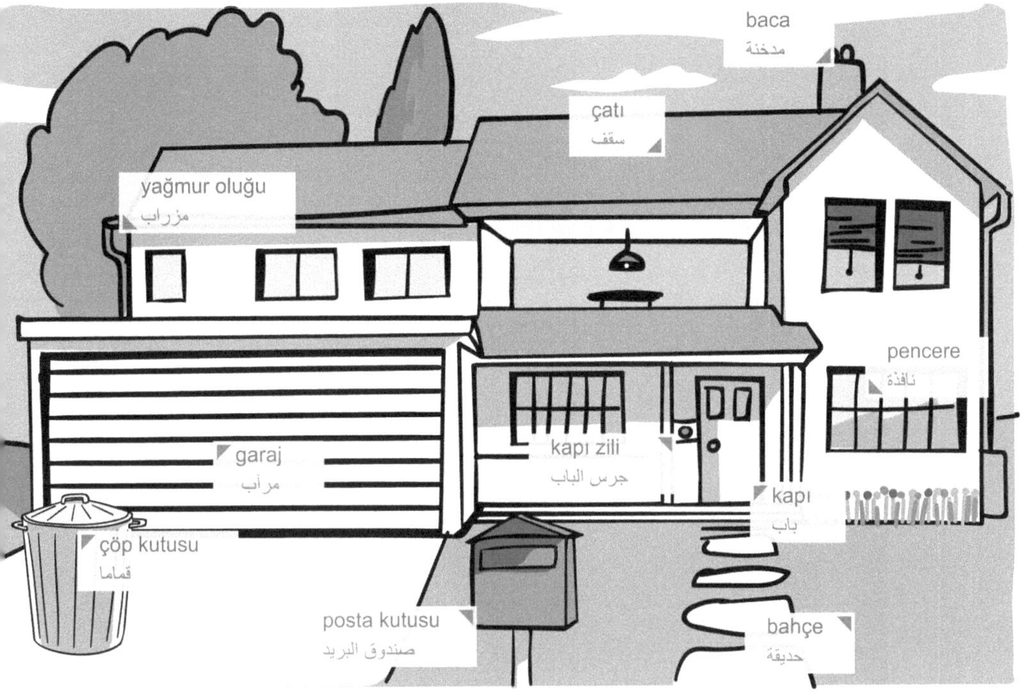

oturma odası

غرفة جلوس

banyo

الحمّام

mutfak

مطبخ

yatak odası

غرفة النوم

çocuk odası

غرفة الأطفال

yemek odası

غرفة الطعام

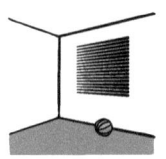

zemin

أرضية

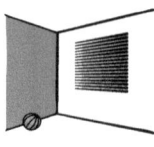

duvar

حائط

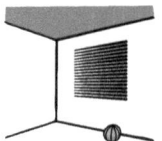

tavan

سقف

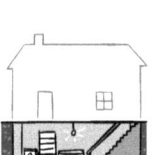

kiler

قبو

sauna

ساونا

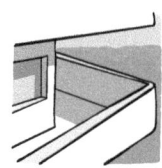

balkon

بلكون

teras

شرفة

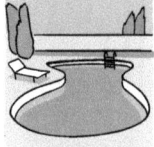

havuz

مسبح

çim biçme makinesi

جزازة العشب

çarşaf

بياضات السرير

yatak örtüsü

بطانية

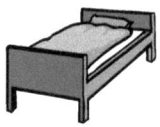

yatak

سرير

süpürge

مكنسة

kova

سطل

anahtar

مفتاح كهربائي

oturma odası
غرفة جلوس

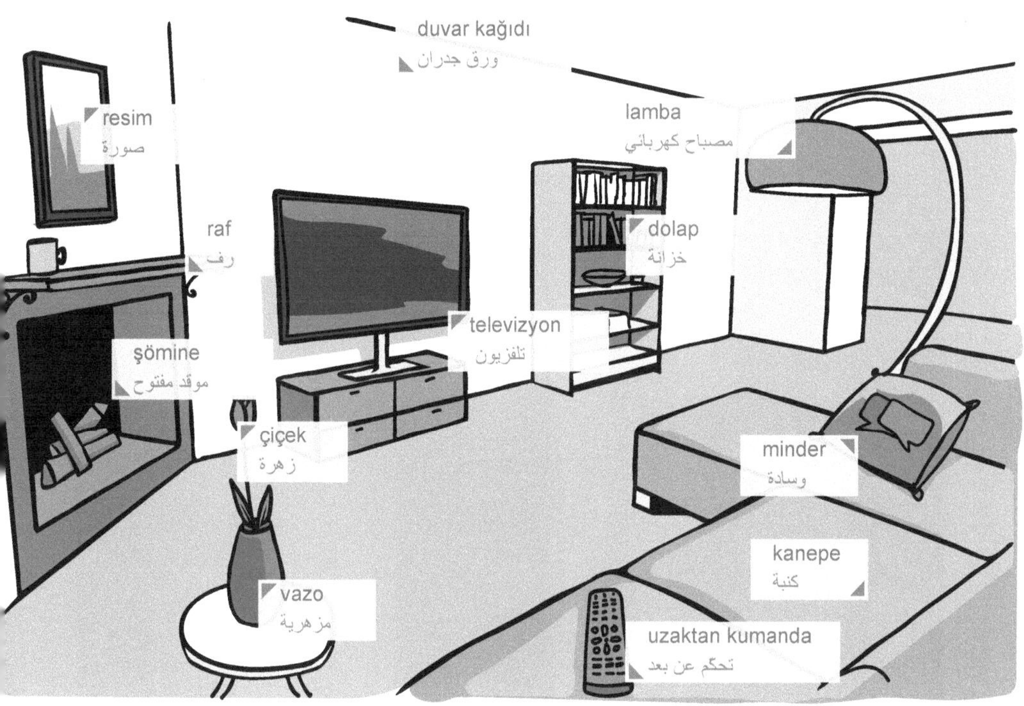

duvar kağıdı
ورق جدران
resim
صورة
lamba
مصباح كهربائي
raf
رف
dolap
خزانة
televizyon
تلفزيون
şömine
موقد مفتوح
çiçek
زهرة
minder
وسادة
kanepe
كنبة
vazo
مزهرية
uzaktan kumanda
تحكم عن بعد

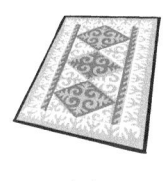

halı
بساط

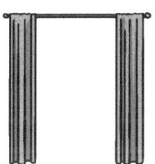

perde
ستارة

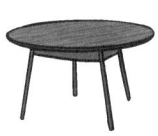

masa
طاولة

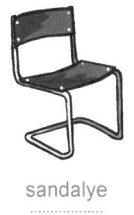

sandalye
كرسي

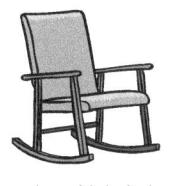

salıncaklı koltuk
كرسي هزّاز

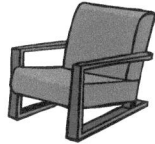

koltuk
كرسي ذو ذراعين

kitap

الكتاب

battaniye

بطانية

dekor

زخرفة

odun

الحطب

film

فيلم

hi-fi

تجهيزات ستيريو

anahtar

مفتاح

gazete

جريدة

tablo

لوحة مرسومة

poster

مُلصق

radyo

راديو

defter

دفتر ملاحظات

elektrikli süpürge

المكنسة الكهربائية

kaktüs

صبّار

mum

شمعة

mutfak
مطبخ

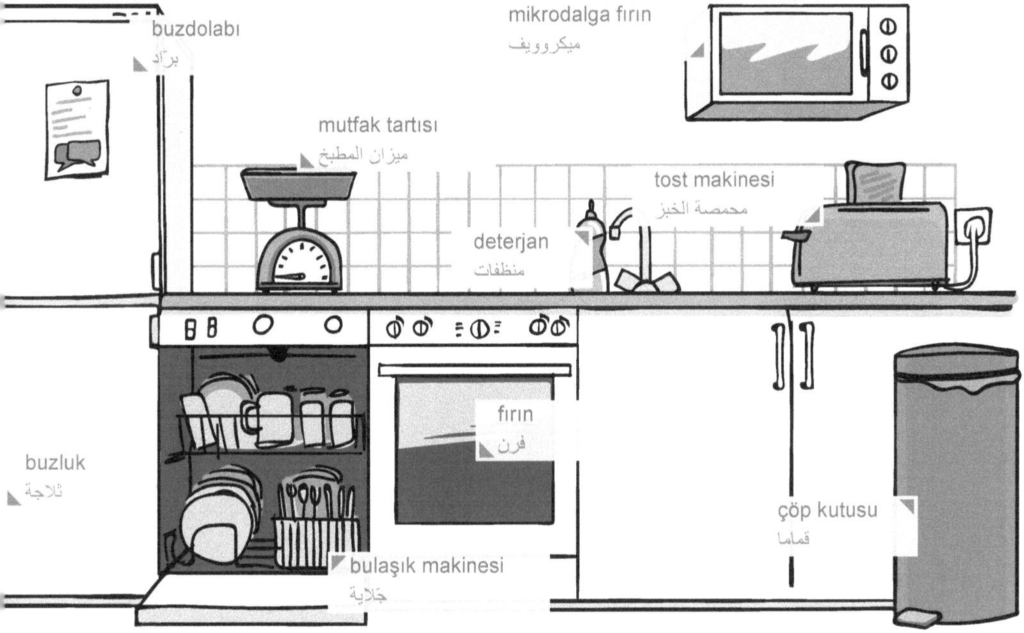
buzdolabı
برّاد
mikrodalga fırın
ميكروويف
mutfak tartısı
ميزان المطبخ
tost makinesi
محمصة الخبز
deterjan
منظفات
fırın
فرن
buzluk
ثلاجة
çöp kutusu
قماما
bulaşık makinesi
جلّاية

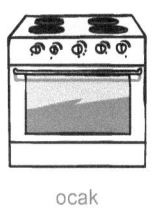

ocak

موقد

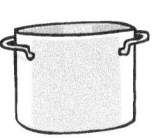

tencere

قدر

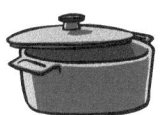

döküm tencere

وعاء من الحديد

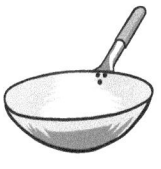

wok

قدر صيني

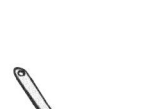

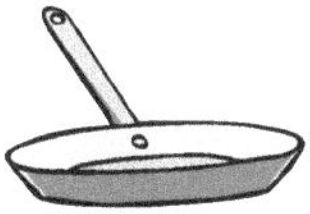

tava

مقلاة

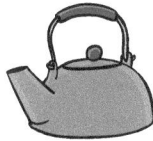

su ısıtıcı

غلاية

buharlı pişirici

قدر البخار

pişirme tepsisi

صينية

tabak takımı

أواني

kupa

فنجان

kase

صحن

çubuk (çin yemeği)

عيدان الأكل

kepçe

مغرفة

spatula

ملعقة منبسطة

çırpma teli

خفاقة

süzgeç

مصفاة

elek

مصفاة

rende

مبشرة

havan

هاون

barbekü

شواء

açık ateş

موقد

kesme tahtası

لوح التقطيع

merdane

نشابة

tirbüşon

مفتاح الزجاجات

konserve kutusu

علبة

konserve açacağı

مفتاح العلب المعدنية

fırın eldiveni

قماش الفرن

evye

مجلى

fırça

فرشاة

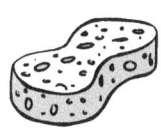

sünger

إسفنج

blender

خلاط

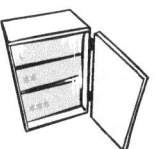

derin dondurucu

مجمّدة

biberon

زجاجة الطفل

musluk

صنبور الماء

banyo

الحمّام

ısıtma
تدفئة
havlu
منشفة
duş
دوش
duş perdesi
ستارة الدوش
köpük banyosu
حمام رغوة
küvet
حوض الحمام
bardak
كأس
çamaşır makinesi
غسّالة
musluk
صنبور الماء
fayans
بلاط
lazımlık
قفازات مطاطية
evye
مجلى

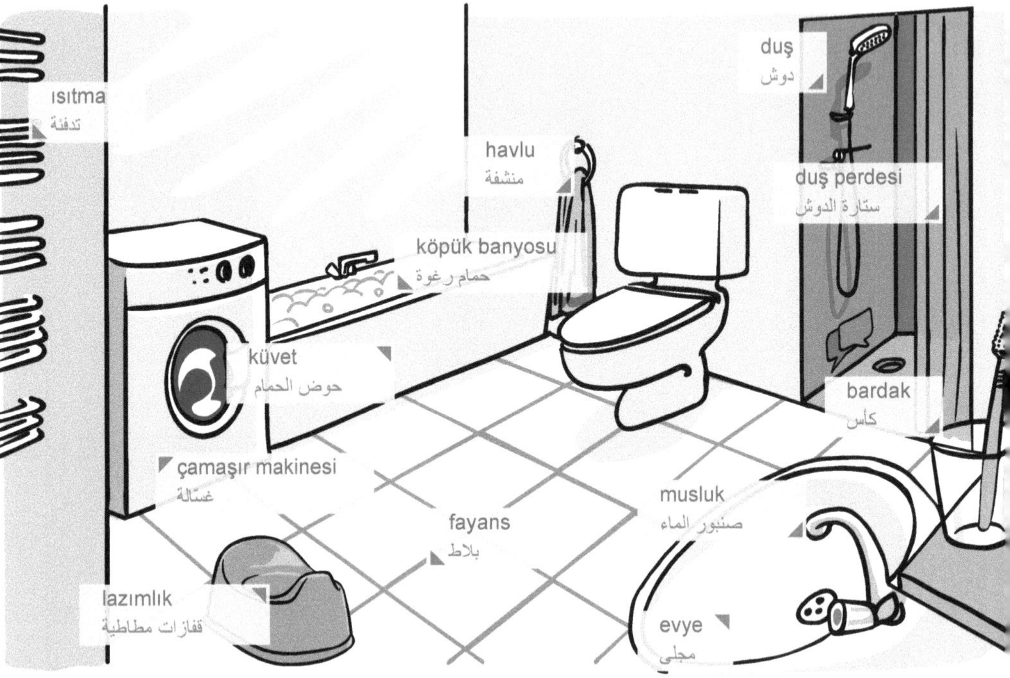

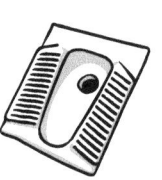

tuvalet

حمام

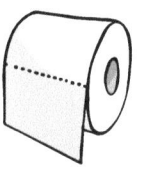

alaturka tuvalet

مرحاض القرفصاء

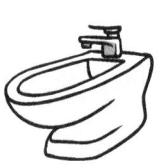

bide

حوض التشطيف

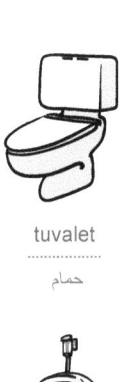

pisuvar

مبولة

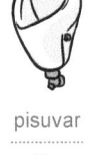

tuvalet kağıdı

ورق المرحاض

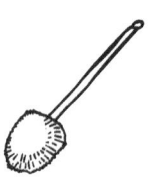

tuvalet fırçası

فرشاة الحمام

diş fırçası

فرشاة الأسنان

diş macunu

معجون الأسنان

diş ipi

خيط حرير لتنظيف الأسنان

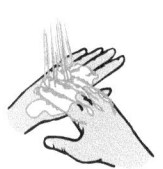

yıkamak

يغسل

duş başlığı

رشاش ماء يدوي

duş başlığı şeklinde taharet musluğu

شطاف

küvet

حوض الغسيل

banyo fırçası

فرشاة الظهر

sabun

صابون

duş jeli

جيل الدوش

şampuan

شامبو

banyo lifi

ممسحة

gider

مصرف للماء

krem

مرهم

deodorant

مزيل الروائح

ayna

مرآة

el aynası

مرآة يد

jilet

موس حلاقة

tıraş köpüğü

رغوة الحلاقة

tıraş losyonu

كولونيا

tarak

مشط

fırça

فرشاة

saç kurutma makinesi

سشوار

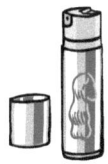

saç spreyi

مثبت للشعر

makyaj

ماكياج

ruj

روج

tırnak cilası

طلاء أظافر

pamuk

قطن

tırnak makası

مقص أظافر

parfüm

عطر

makyaj çantası

سلة الغسيل

tabure

مقعد صغير

tartı

ميزان

bornoz

معطف الحمام

lastik eldiven

قفازات مطاطية

tampon

سدادة قطنية

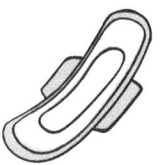

kadın pedi

منشفة صحية

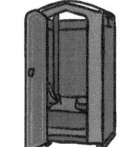

kimyevi tuvalet

تواليت كيميائية

çocuk odası

غرفة الأطفال

çalar saat
منبه
peluş oyuncak
الحيوانات المحنطة
oyuncak araba
سيارة لعبة
çıngırak
خشخشة
bebek evi
بيت الدمى
hediye
هدية

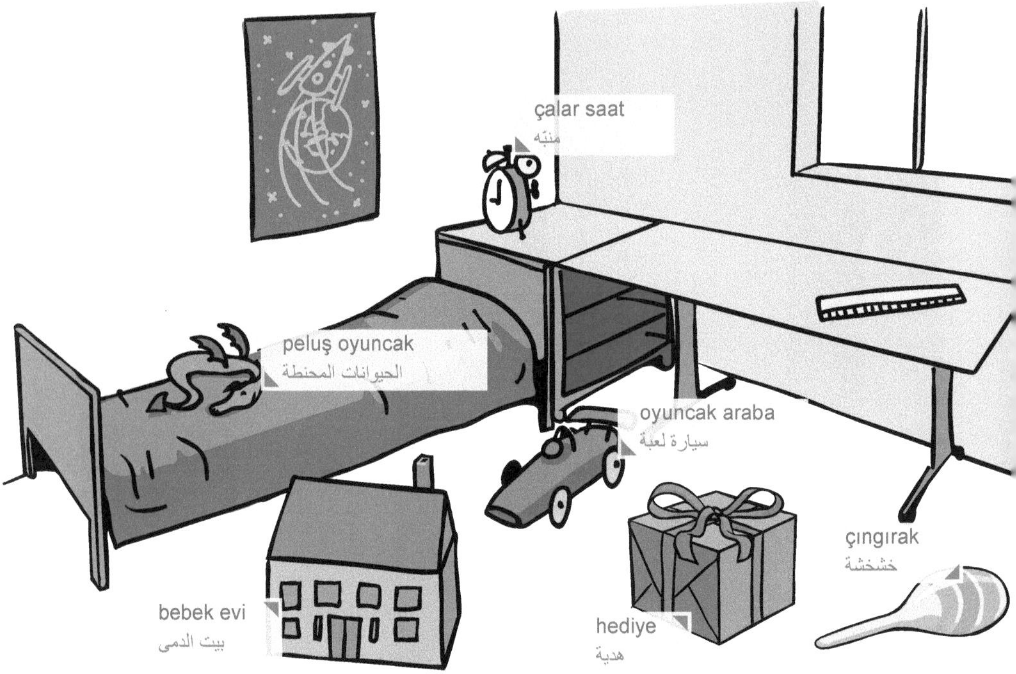

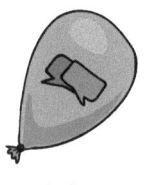

balon

بالون

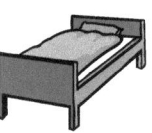

yatak

سرير

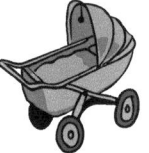

bebek arabası

عربة الأطفال

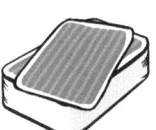

kart destesi

لعبة الورق

yapboz

أحجية

SUPER
MEGA

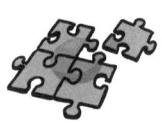

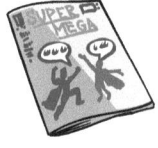

çizgi roman

رسوم هزلية

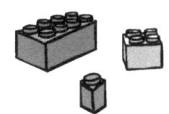

lego tuğlaları

أحجار الليغو

lego blokları

حجارة تركيب

aksiyon figürü

دمية بطل

zıbın

لباس الطفل

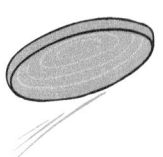

frizbi

فريسبي

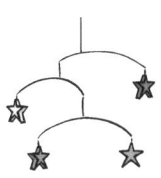

dönence

دمية معلقة

masa oyunu

لعبة الطاولة

zar

لعبة النرد

model tren seti

لعبة قطار

emzik

مصّاصة

parti

حفلة

resimli kitap

كتاب مصوّر

top

كرة

oyuncak bebek

دمية

oynamak

يلعب

kum havuzu

ملعب رملي للأطفال

salıncak

أرجوحة

oyuncaklar

لعبة

video oyun konsolu

ألعاب فيديو

üç tekerlekli bisiklet

دراجة ثلاثية

oyuncak ayı

دمية على شكل الدب

gardırop

خزانة الثياب

kıyafet

ثياب

çorap

جوارب قصيرة

külotlu çorap

جوارب طويلة

tayt

جورب بنطلون

eşarp
شال

şemsiye
شمسية

tişört
تَي شيرت

kemer
حزام

bot
حذاء شتوي

terlik
شبشب

spor ayakkabı
أحذية رياضية

sandalet

صندل

ayakkabı

حذاء

lastik çizme

جزمة كاوتشوك

külot

سروال داخلي

sütyen

صدارة

yelek

قميص داخلي

dar bluz

لباس ملاصق للجسم

pantolon

بنطلون

kot pantolon

جينز

etek

تنورة

bluz

بلوزة

gömlek

قميص

kazak

سترة قطنية

süveter

كنزة كم طويل

blazer

سترة فضفاضة

ceket

سترة

mont

معطف

yağmurluk

معطف مطري

kostüm

زي - طقم نسائي

elbise

ثوب

gelinlik

ثوب الزفاف

takım elbise

طقم

gecelik

قميص نوم

pijama

بيجاما

sari

ساري

baş örtüsü

حجاب

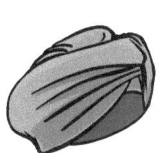

türban

عمامة

burka

برقع

kaftan

قفطان

çarşaf

عباءة

mayo

مايوه

erkek mayosu

سروال سباحة

şort

شرت

eşofman

بدلة رياضية

önlük

منزر

eldiven

قفازات

düğme

زر

gözlük

نظارة

bilezik

إسوارة

kolye

عقد

yüzük

خاتم

küpe

قرط

kep

طاقية

portmanto

علاقة ثياب

şapka

قبّعة

kravat

ربطة العنق

fermuar

سحّاب

kask

خوذة

pantolon askısı

حمّالة البنطلون

okul forması

اللباس المدرسي

üniforma

زي موحّد

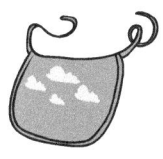

mama önlüğü

مريلة الأطفال

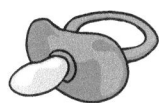

emzik

مصّاصة

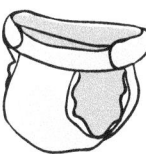

bebek bezi

لفافة

ofis

مكتب

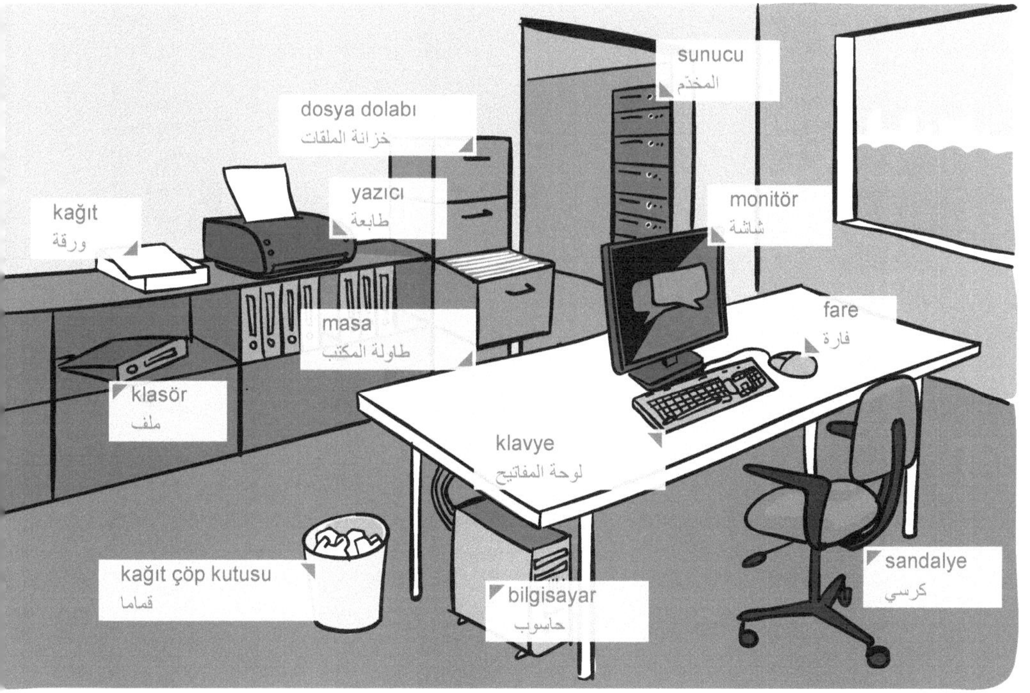

sunucu
المخدّم
dosya dolabı
خزانة الملفات
yazıcı
طابعة
kağıt
ورقة
monitör
شاشة
fare
فارة
masa
طاولة المكتب
klasör
ملف
klavye
لوحة المفاتيح
kağıt çöp kutusu
قماما
bilgisayar
حاسوب
sandalye
كرسي

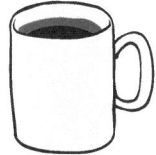

kahve fincanı

كاس من القهوة

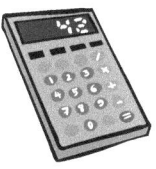

hesap makinesi

الآلة الحاسبة

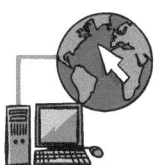

internet

الإنترنت

dizüstü

الحاسوب المحمول

mektup

رسالة

mesaj

خبر

cep telefonu

الهاتف المحمول

ağ

شبكة

fotokopi makinesi

جهاز تصوير

yazılım

البرمجيات

telefon

هاتف

priz

مقبس كهربائي

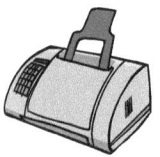

faks makinesi

فاكس

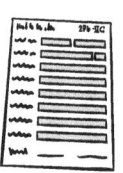

form

استمارة

belge

وثيقة

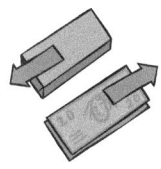

satın almak

يشتري

ödemek

يدفع

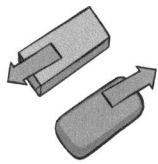

ticaret yapmak

يتاجر

para

مال

dolar

دولار

avro

يورو

yen

ين

ruble

روبل

İsviçre frangı

فرنك سويسري

Çin yuanı

يوان

rupi

روبية

kasa

صرّاف الي

döviz bürosu

مكتب صرافة

altın

ذهب

gümüş

فضة

petrol

نفط

enerji

طاقة

fiyat

سعر

kontrat

عقد

vergi

ضريبة

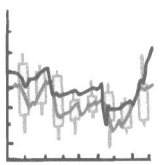

menkul değer

سهم

çalışmak

يعمل

işveren

موظف

işçi

رب العمل

fabrika

مصنع

mağaza

متجر

meslekler

المِهَن

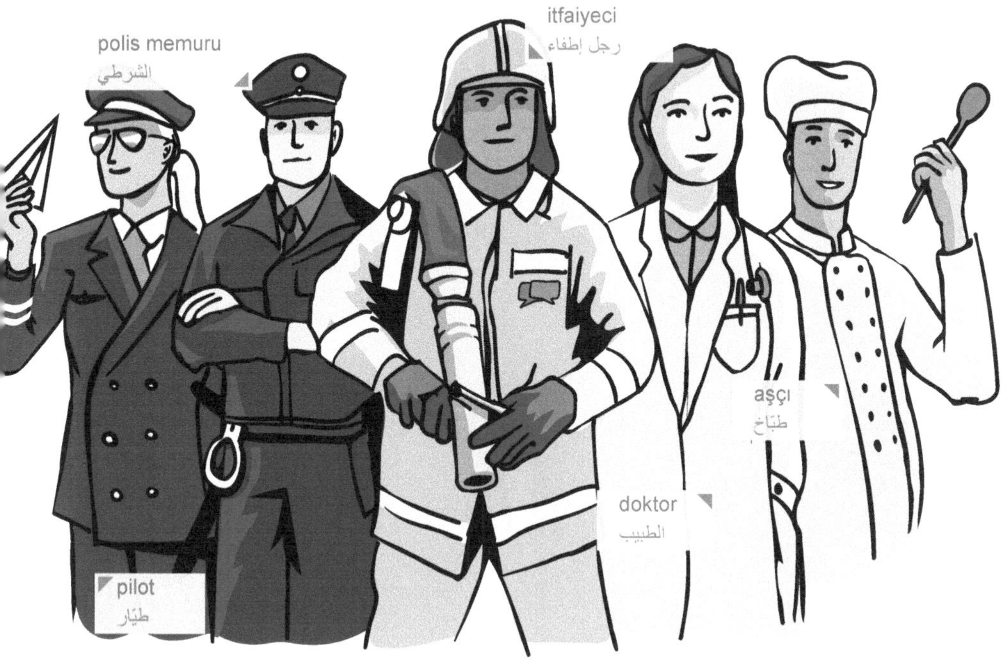
polis memuru
الشرطي
itfaiyeci
رجل إطفاء
aşçı
طبّاخ
doktor
الطبيب
pilot
طيّار

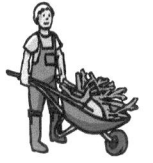

bahçıvan

بستاني

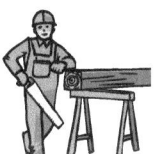

marangoz

نجّار

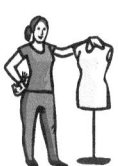

terzi

خيّاطة

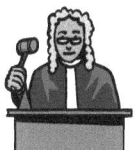

hakim

قاض

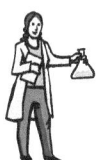

kimyager

كيميائي

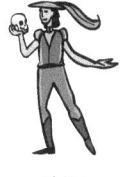

aktör

ممثل

otobüs şoförü

سائق حافلة

taksi şoförü

سائق تاكسي

balıkçı

صياد سمك

temizlikçi

أجيرة للتنظيف

çatı ustası

بناء سقف

garson

نادل

avcı

صيّاد

boyacı

رسّام

fırıncı

خباز

elektrikçi

كهربائي

inşaatçı

عامل بناء

mühendis

مهندس

kasap

لحّام

muslukçu

سمكري

postacı

ساعي البريد

asker

جندي

mimar

مهندس معماري

kasiyer

أمين صندوق

çiçekçi

بائع الزهور

kuaför

حلاق

kondüktör

مراقب القطار

tamirci

ميكانيكي

kaptan

قبطان

dişçi

طبيب أسنان

bilim insanı

رجل العلم

haham

حاخام

imam

امام

keşiş

راهب

rahip

كاهن

aletler
عدة عمل

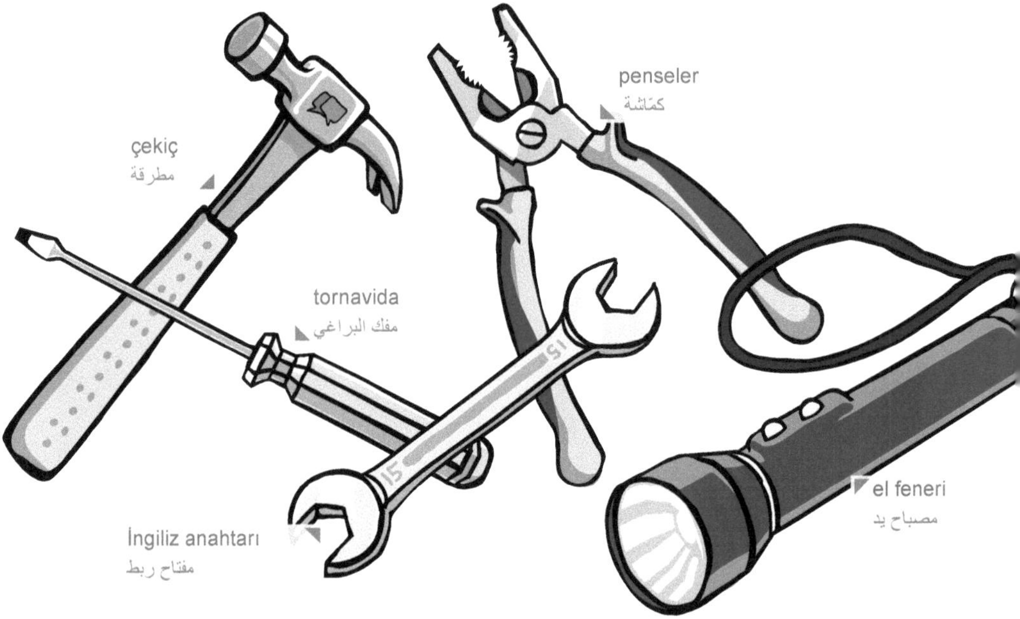
penseler
كمّاشة
çekiç
مطرقة
tornavida
مفك البراغي
el feneri
مصباح يد
İngiliz anahtarı
مفتاح ربط

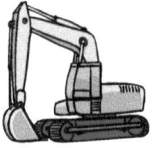

kazı makinesi
جرافة

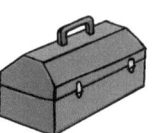

alet çantası
صندوق العدة

merdiven
سلّم

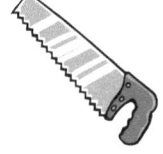

testere
منشار

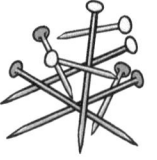

çiviler
مسامير

matkap
مثقب

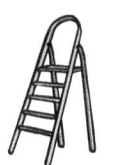

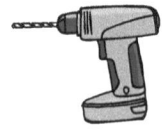

tamir etmek

يصلح

kürek

مجرفة

Kahretsin!

اللعنة

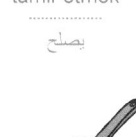

faraş

لقاطة الكناسة

boya tenekesi

سطل الألوان

vidalar

براغي

müzik enstrümanı

آلات موسيقية

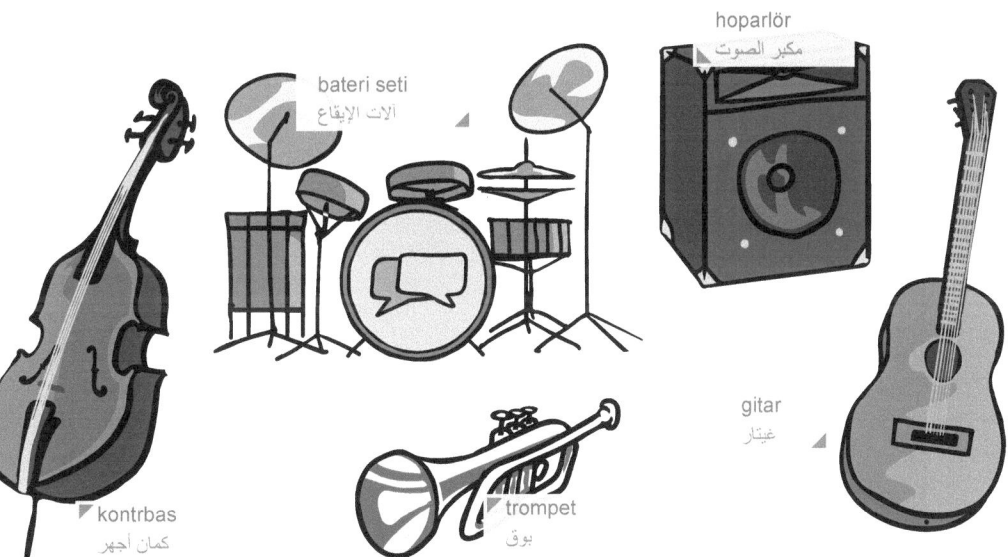

hoparlör

مكبر الصوت

bateri seti

آلات الإيقاع

gitar

غيتار

kontrbas

كمان أجهر

trompet

بوق

piyano

بيانو

keman

كمنجة

basgitar

جيتار

timpani

طبل كبير

bateri

طبل

klavye

بيانو كهرباني

saksafon

ساكسوفون

flüt

ناي

mikrofon

ميكروفون

hayvanat bahçesi

حديقة حيوانات

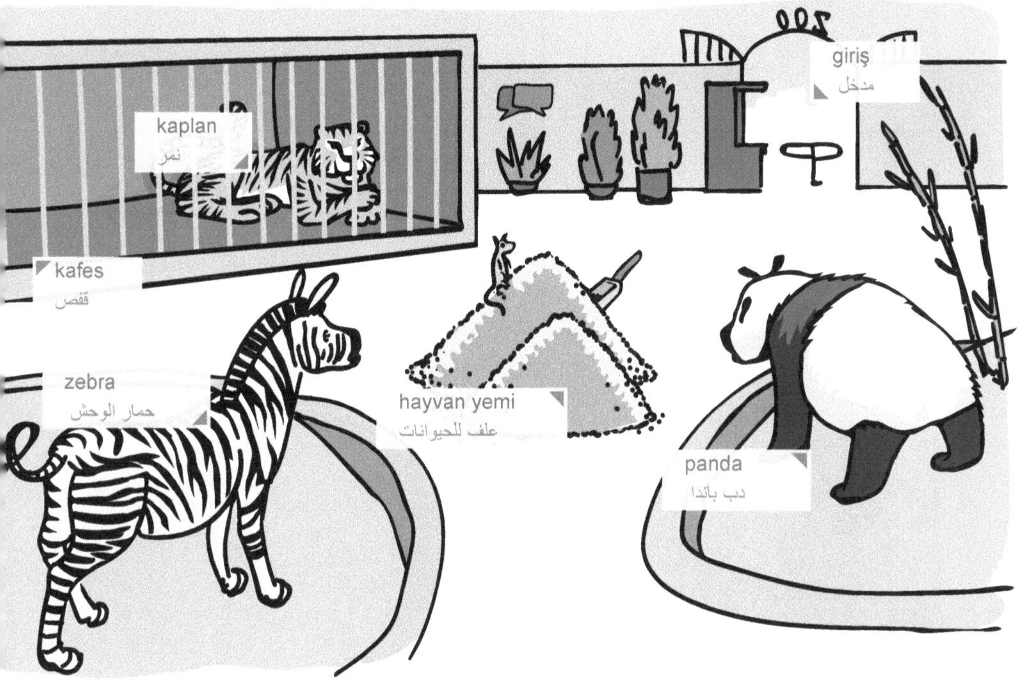

zoo
giriş
مدخل
kaplan
نمر
kafes
قفص
zebra
حمار الوحش
hayvan yemi
علف للحيوانات
panda
دب باندا

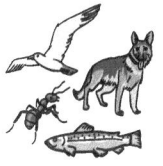

hayvanlar
حيوانات

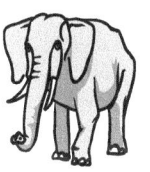

fil
فيل

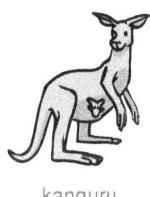

kanguru
كنغر

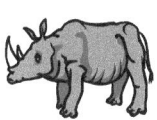

gergedan
وحيد القرن

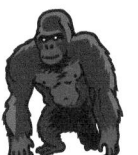

goril
غوريلا

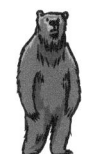

ayı
دب

deve

جمل

deve kuşu

نعامة

aslan

أسد

maymun

قرد

flamingo

طائر فلامينغو

papağan

ببغاء

kutup ayısı

دب قطبي

penguen

بطريق

köpek balığı

سمك القرش

tavus kuşu

طاووس

yılan

أفعى

timsah

تمساح

hayvanat bahçesi görevlisi

حارس في حديقة الحيوان

fok

عجل البحر

jaguar

نمر أمريكي مرقط

midilli atı

فرس قزم

leopar

نمر

su aygırı

فرس النهر

zürafa

زرافة

kartal

نسر

yaban domuzu

خنزير بري

balık

سمك

kaplumbağa

سلحفاة

mors

حيوان فظ البحري

tilki

ثعلب

ceylan

غزال

amerikan futbolu
كرة القدم الأمريكية

bisiklete binme
ركوب الدراجات

tenis
كرة التنس

basketbol
كرة السلة

yüzme
السباحة

boks
الملاكمة

buz hokeyi
هوكي الجليد

futbol
كرة القدم

badminton
الريشة الطائرة

atletizm
ألعاب القوى الخفيفة

hentbol
كرة اليد

kayak
التزلج على الثلج

polo
بولو

atlamak
يقفز

gülmek
يضحك

sarılmak
يعانق

söylemek
يغني

yürümek
يمشي

dua etmek
يصلّي

öpmek
يقبّل

hayal etmek
يحلم

yazmak

يكتب

çizmek

يرسم

göstermek

يُري

itmek

يدفع

vermek

يعطي

almak

يأخذ

sahip olmak

يملك

yapmak

يعمل

olmak

يوجد

ayakta durmak

يقف

koşmak

يركض

çekmek

يسحب

atmak

يرمي

düşmek

يقع

yalan söylemek

يستلقي

beklemek

ينتظر

taşımak

يحمل

oturmak

يجلس

giyinmek

يلبس

uyumak

ينام

uyanmak

يستيقظ

bakmak

ينظر إلى ..

ağlamak

يبكي

vurmak

يمسّد

taramak

يمشّط

konuşmak

يتكلم

anlamak

يفهم

sormak

يسأل

dinlemek

يسمع

içmek

يشرب

yemek

يأكل

düzenlemek

يرتّب

sevmek

يحبّ

pişirmek

يطبخ

sürmek

يقود

uçmak

يطير

denize açılmak

يبحر بزورق شراعي

hesapla

يحسب

okumak

يقرأ

öğrenmek

يتعلم

çalışmak

يعمل

evlenmek

يتّزوج

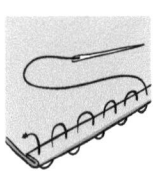

dikmek

يخيط

diş fırçalamak

ينظف أسنانه

öldürmek

يقتل

sigara içmek

يدخّن

yollamak

يرسل

aile
عائلة

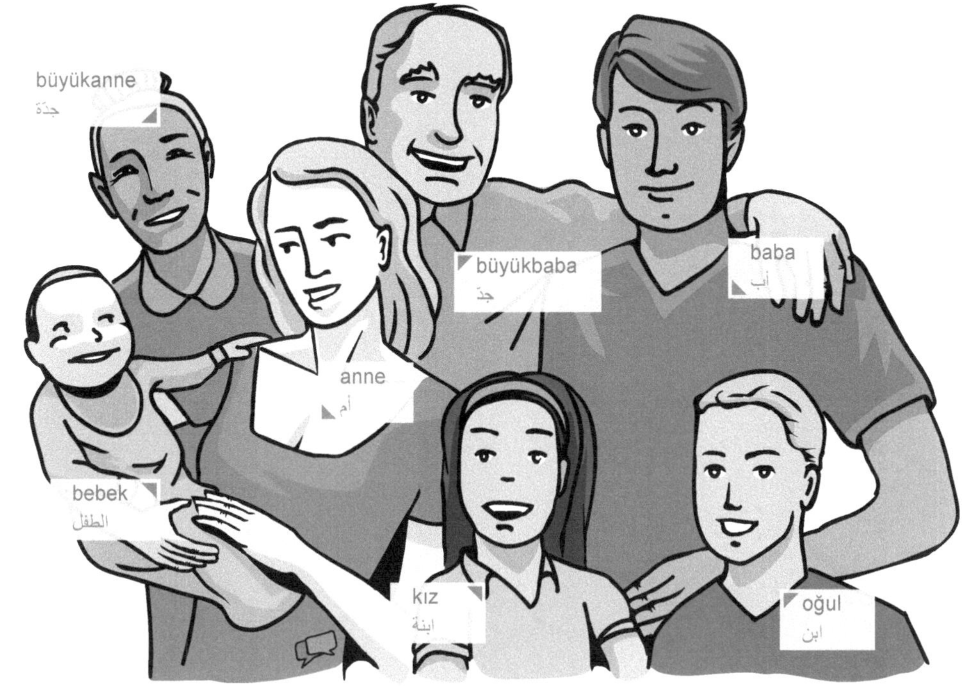

büyükanne
جدّة
büyükbaba
جدّ
baba
أب
anne
أم
bebek
الطفل
kız
ابنة
oğul
ابن

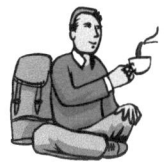

misafir
ضيف

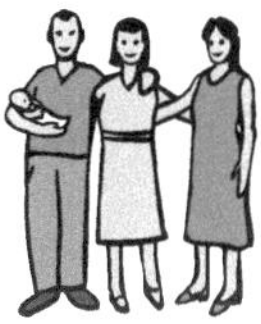

teyze
عمّة / خالة

amca
عمّ / خال

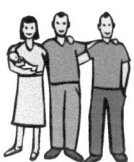

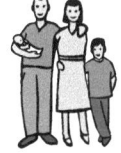

erkek kardeş
أخ

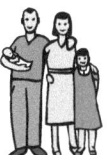

kız kardeş
أخت

vücut

الجسم

alın
الجبين
göz
العين
omuz
الكتف
parmak
الإصبع
yüz
الوجه
çene
الذقن
el
اليد
bacak
الساق
göğüs
الصدر
kol
الذراع

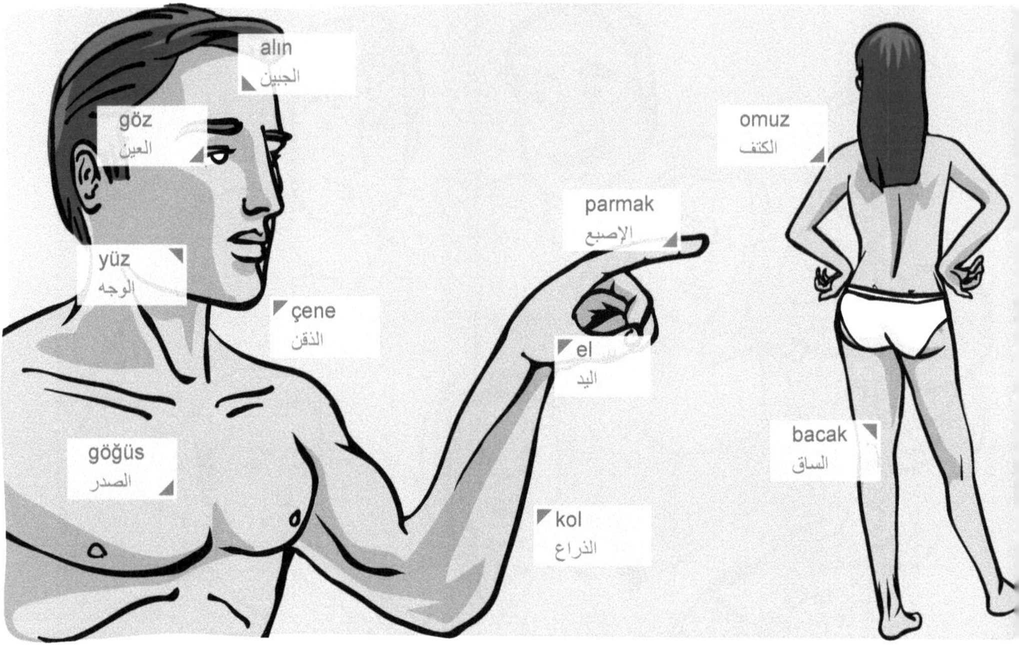

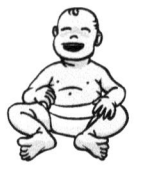

bebek

الطفل

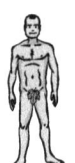

adam

الرجل

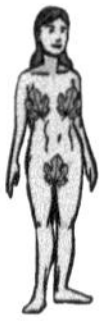

kadın

المرأة

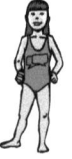

kız

البنت

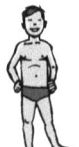

erkek çocuk

الولد

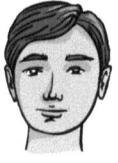

baş

الرأس

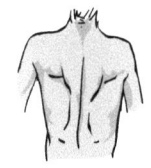

sırt

الظهر

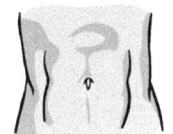

karın

البطن

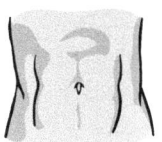

göbek

السرّة

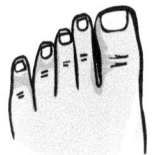

ayak parmağı

إصبع القدم

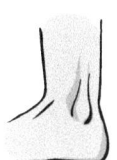

topuk

الكعب

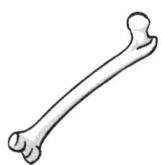

kemik

العظم

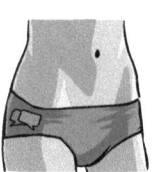

kalça

الورك

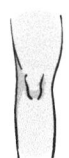

diz

الرّكبة

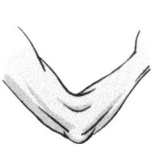

dirsek

المرفق

burun

الأنف

kalça

العجُز

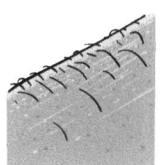

deri

البشرة

yanak

الخد

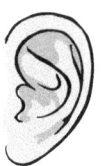

kulak

الأذن

dudak

الشفة

ağız

القم

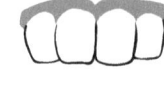

diş

السن

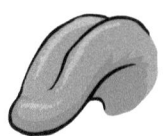

dil

اللسان

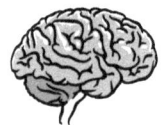

beyin

الدماغ

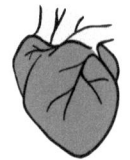

kalp

القلب

kas

العضلة

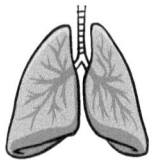

akciğer

الرئة

karaciğer

الكبد

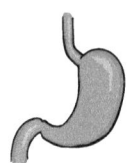

mide

المعدة

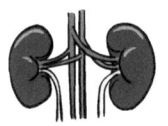

böbrekler

الكلى

seks

الاتصال الجنسي

prezervatif

الواقي المطاطي

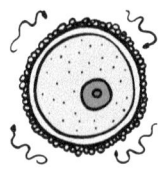

yumurtalık

البويضة

sperm

المنيّ

hamilelik

الحمل

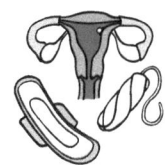

regl

الحيض

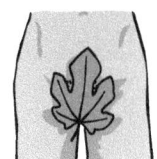

vajina

المهبل

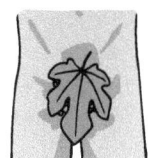

penis

القضيب

kaş

الحاجب

saç

الشعر

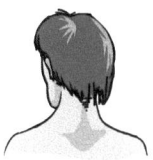

boyun

الرقبة

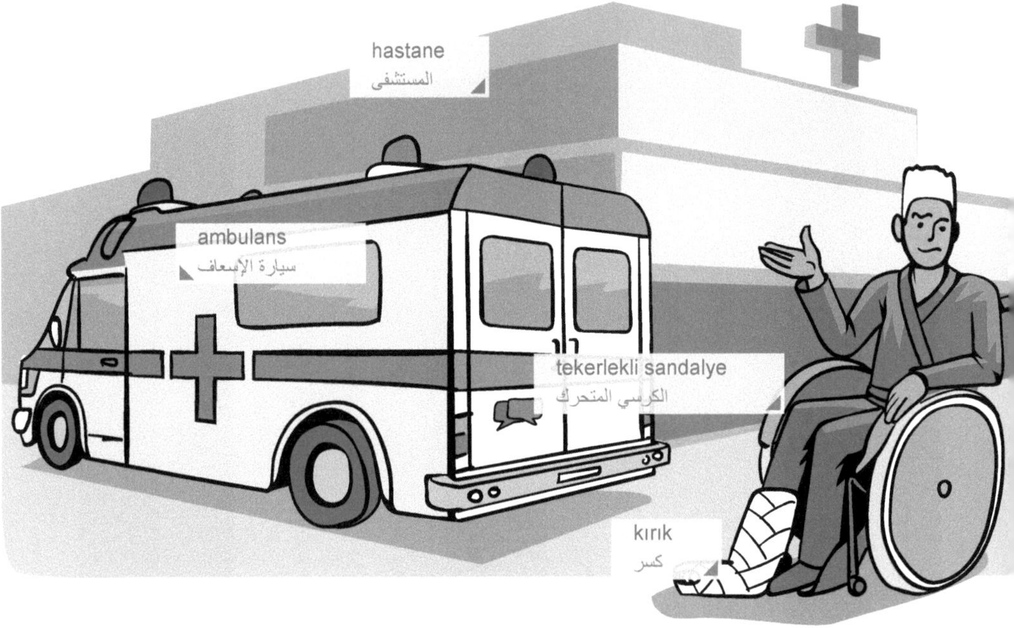

hastane
المستشفى

ambulans
سيارة الإسعاف

tekerlekli sandalye
الكرسي المتحرك

kırık
كسر

doktor
الطبيب

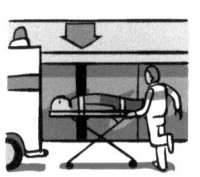

acil servis
غرفة الإسعاف

hemşire
الممرضة

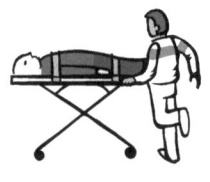

acil
حالة

baygın
مغمى عليه

acı
الألم

yaralanma

إصابة

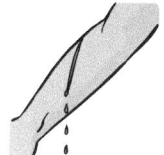

kanama

النزيف

kalp krizi

احتشاء القلب

felç

جلطة

alerji

حسسية

öksürük

السعال

ateş

الحُمّى

grip

انفلونزا

ishal

الإسهال

baş ağrısı

وجع الرأس

kanser

السرطان

şeker hastalığı

مرض السكر

cerrah

جرّاح

neşter

مبضع

operasyon

عملية

bilgisayarlı tomografi

سيتي سكان

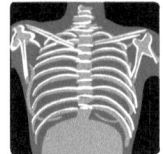

röntgen

الأشعة السينية

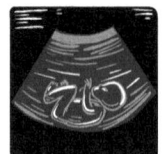

ultrason

فوق الصوتي

yüz maskesi

القناع

hastalık

المرض

bekleme odası

غرفة الانتظار

koltuk değneği

العُكاز

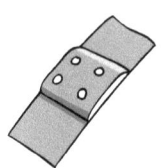

yara bandı

شريط لاصق

bandaj

ضماد

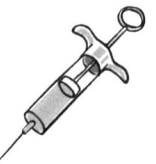

enjeksiyon

حقنة

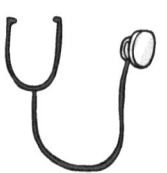

steteskop

سمّاعة الطبيب

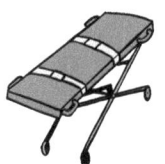

sedye

نقالة

tıbbi termometre

ميزان حرارة

doğum

ولادة

fazla kilo

وزن زائد

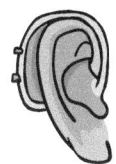

işitme cihazı

جهاز السمع

dezenfektan

المواد المعقمة

enfeksiyon

عدوى

virüs

فيروس

HIV / AIDS

الإيدز

ilaç

الطب

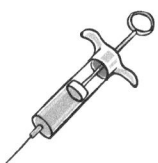

aşı

اللقاح

tablet

أقراص الدواء

hap

حبّة الدواء

acil çağrı

نداء النجدة

tansiyon aleti

مقياس ضغط الدم

hasta / sağlıklı

مريض / صحيح

İmdat!

النجدة!

alarm

إنذار

darp

اعتداء

saldırı

هجوم

tehlike

خطر

acil çıkış

مخرج طوارئ

Yangın!

حريق!

yangın tüpü

جهاز الإطفاء

kaza

حادث

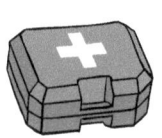

ilk yardım çantası

حقيبة الإسعاف الأولي

imdat

أنقذونا

polis

الشرطة

Avrupa

أوروبا

Kuzey Amerika

أمريكا الشمالية

Güney amerika

أمريكا الجنوبية

Afrika

أفريقيا

Asya

أسيا

Avustralya

أستراليا

Atlantik

المحيط الأطلسي

Pasifik

المحيط الهادي

Hint Okyanusu

المحيط الهندي

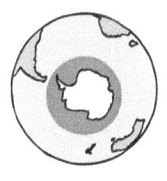

Antarktika Okyanusu

المحيط المتجمد الجنوبي

Arktik Okyanusu

المحيط المتجمد الشمالي

Kuzey Kutbu

القطب الشمالي

Güney Kutbu

القطب الجنوبي

Antarktika

منطقة القطب الجنوبي

dünya

أرض

kara

بر

deniz

بحر

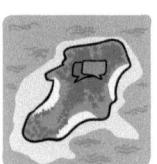

ada

جزيرة

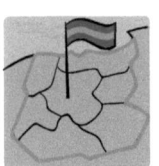

ulus

أمة

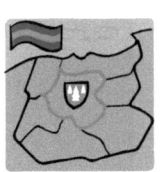

ülke

دولة

kadran

ميناء الساعة

akrep

عقرب الساعات

yelkovan

عقرب الدقائق

saniye ibresi

عقرب الثواني

Saat kaç?

كم الساعة الان؟

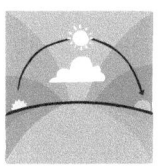

gün

يوم

zaman

زمن

şimdi

الان

dijital saat

ساعة رقمية

dakika

دقيقة

saat

ساعة

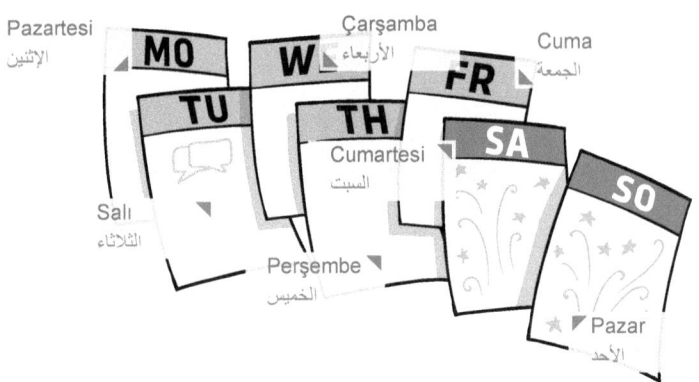

Pazartesi
الإثنين

Çarşamba
الأربعاء

Cuma
الجمعة

Salı
الثلاثاء

Cumartesi
السبت

Perşembe
الخميس

Pazar
الأحد

dün

الأمس

bugün

اليوم

yarın

غدا

sabah

الصباح

öğle

الظهر

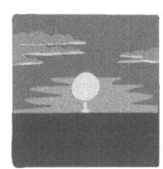

akşam

المساء

MO	TU	WE	TH	FR	SA	SU
1	2	3	4	5	6	7
8	9	10	11	12	13	14
15	16	17	18	19	20	21
22	23	24	25	26	27	28
29	30	31	1	2	3	4

iş günleri

أيام العمل

MO	TU	WE	TH	FR	SA	SU
1	2	3	4	5	6	7
8	9	10	11	12	13	14
15	16	17	18	19	20	21
22	23	24	25	26	27	28
29	30	31	1	2	3	4

hafta sonu

نهاية الأسبوع

gökkuşağı
قوس قزح

yağmur
مطر

kara
ثلج

rüzgar
ريح

bahar
الربيع

sonbahar
الخريف

yaz
الصيف

kış
الشتاء

4.APRIL	11°	☀
5.APRIL	4°	
6.APRIL	13°	
7.APRIL	8°	☀
8.APRIL	10°	☀

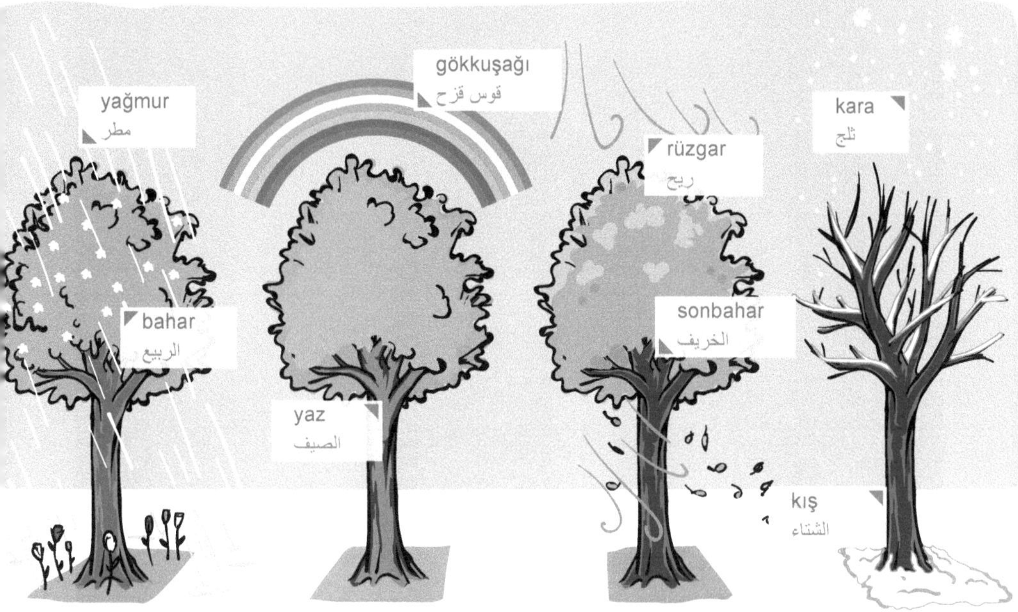

hava durumu tahmini

التنبؤ بالحالة الجوية

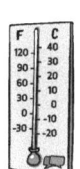

termometre

مقياس حرارة

güneş ışığı

ضوء الشمس

bulut

سحابة

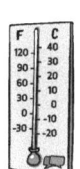

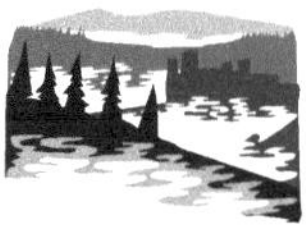

sis

ضباب

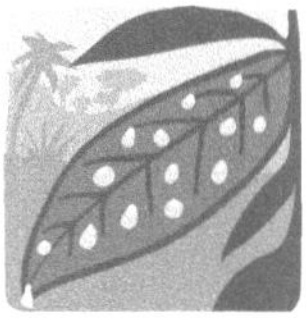

nem

رطوبة الجو

şimşek

برق

gök gürültüsü

رعد

fırtına

عاصفة

dolu

بَرد

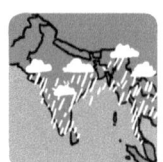

muson

ريح موسمية

sel

طوفان

buz

جليد

Ocak

كانون الثاني / يناير

Şubat

شباط / فبراير

Mart

آذار / مارس

Nisan

نيسان / أبريل

Mayıs

أيار / مايو

Haziran

حزيران / يونيو

Temmuz

تموز / يوليو

Ağustos

آب / أغسطس

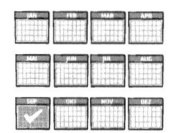

Eylül

أيلول / سبتمبر

Ekim

تشرين الأول / أكتوبر

Kasım

تشرين الثاني / نوفمبر

Aralık

كانون الأول / ديسمبر

şekiller

أشكال

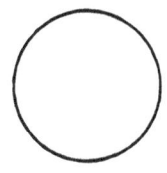

daire

دائرة

kare

مربع

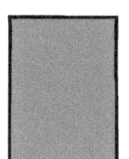

dikdörtgen

مستطيل

üçgen

مثلث

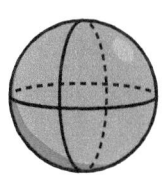

küre

كرة

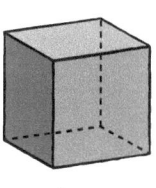

küp

مكعب

beyaz

أبيض

sarı

أصفر

turuncu

برتقالي

pembe

وردي

kırmızı

أحمر

mor

بنفسجي

mavi

أزرق

yeşil

أخضر

kahverengi

بني

gri

رمادي

siyah

أسود

çok / az

كثير / قليل

kızgın / sakin

غضبان / هادئ

güzel / çirkin

جميل / قبيح

başlangıç / son

بداية / نهاية

büyük / küçük

كبير / صغير

parlak / karanlık

فاتح / قاتم

erkek kardeş / kız kardeş

أخ / أخت

temiz / kirli

نظيف / وسخ

tamam / eksik

كامل / ناقص

gün / gece

نهار / ليل

ölü / canlı

ميّت / حيّ

geniş / dar

عريض / ضيق

yenilebilir / yenilemez

صالح للأكل / غير صالح

kötü / iyi

شرّير / لطيف

heyecanlı / sıkılmış

مثير / ممل

şişman / zayıf

سمين / نحيف

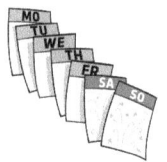

ilk / son

أولا / أخيرا

dost / düşman

صديق / عدو

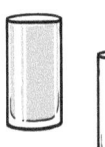

dolu / boş

مليء / فارغ

sert / yumuşak

صلب / ليّن

ağır / hafif

ثقيل / خفيف

açlık / susuzluk

جوع / عطش

hasta / sağlıklı

مريض / صحيح

yasa dışı / yasal

غير شرعي / شرعي

zeki / aptal

ذكي / غبي

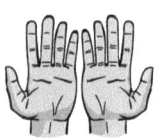

sol / sağ

يسار / يمين

yakın / uzak

قريب / بعيد

yeni / kullanılmış

لا شيء / بعض الشيء

hiçbir şey / bir şey

جديد / مستعمل

yaşlı / genç

مسن / شاب

açma / kapama

يشعل / يطفئ

açık / kapalı

مفتوح / مغلق

sessiz / gürültülü

خافت / عال

zengin / fakir

غني / فقير

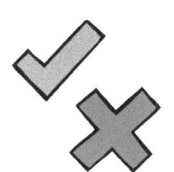

doğru / yanlış

صح / خطأ

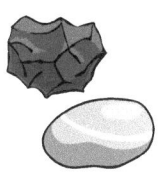

pürüzlü / düz

أحرش / أملس

üzgün / mutlu

حزين / سعيد

kısa / uzun

قصير / طويل

yavaş / hızlı

بطيء / سريع

ıslak / kuru

مبلول / جاف

sıcak / serin

ساخن / بارد

savaş / barış

حرب / سلم

0

sıfır

صفر

1

bir

واحد

2

iki

اثنان

3

üç

ثلاثة

4

dört

أربعة

5

beş

خمسة

6

altı

ستة

7

yedi

سبعة

8

sekiz

ثمانية

9

dokuz

تسعة

10

on

عشرة

11

on bir

أحد عشر

12
on iki

اثنا عشر

13
on üç

ثلاثة عشر

14
on dört

اربعة عشر

15
on beş

خمسة عشر

16
on altı

ستة عشر

17
on yedi

سبعة عشر

18
on sekiz

ثمانية عشر

19
on dokuz

تسعة عشر

20
yirmi

عشرون

100
yüz

مائة

1.000
bin

ألف

1.000.000
milyon

مليون

İngilizce

الانكليزية

Amerikan İngilizcesi

الإنكليزية الأمريكية

Çince (Mandarin)

لغة ماندارين الصينية

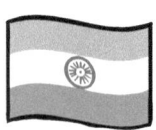

Hintçe

الهندية

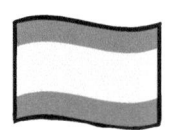

İspanyolca

الإسبانية

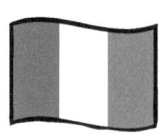

Fransızca

الفرنسية

Arapça

العربية

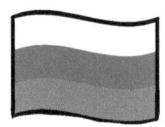

Rusça

الروسية

Portekizce

البرتغالية

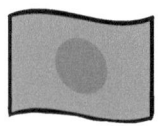

Bengalce

البنغالية

Almanca

الألمانية

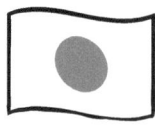

Japonca

اليابانية

ben

انا

sen

أنت

o

هو / هي

biz

نحن

siz

أنتم

onlar

هم

kim?

من؟

ne?

ماذا؟

nasıl?

كيف؟

nerede?

أين؟

ne zaman?

متى؟

isim

اسم

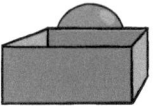

arkasında

خلف

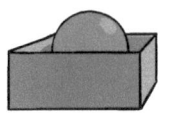

içinde

في

önünde

أمام

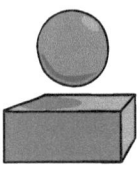

üzerinde

فوق

üstünde

على

altında

تحت

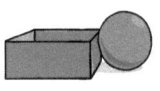

yanında

جنب

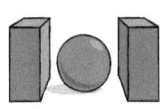

arasında

بين

yer

مكان